CONTENTS

목차

갓스토리 구성

• **학생용 공과**

낮은 수준부터 6컷의 만화와 높은 수준까지의 질문과 활동이 담겨져 있는 공과책.

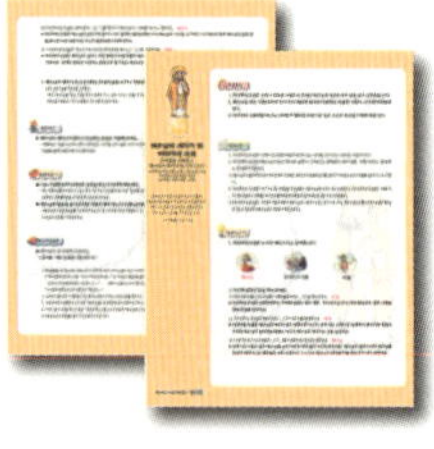

• **교사용 가이드**

학생용 공과의 질문에 대한 답변과 시대적 배경 설명, 활동자료 사용법에 대해 설명. (한장연몰 다운로드)

• **색칠하기**

각 과의 인물을 출력하며 색칠 할수 있도록 만든 컨텐츠. (한장연몰 다운로드)

• **스토리북**

13가지의 이야기를 담아낸 그림책으로 기초적인 질문을 통해 학습.

• **플래시애니메이션**

13과의 만화를 실감나는 영상으로 감상.
(한장연몰 다운로드)

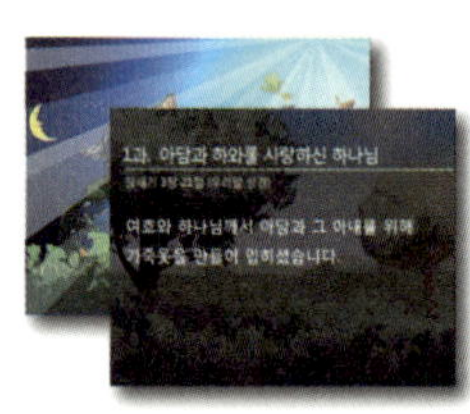

• **설교 PPT**

도입, 스토리, 퀴즈, 적용으로 구성되어 체계적으로 설교를 이끌어 냄.
(한장연몰 다운로드)

갓스토리 사용하기

영 • 유아
(3세~5세)

① 색칠하기

유치 • 유년
(5세~7세)

① 플래시애니메이션

② 설교PPT

③ 스토리북

초등
(7세~13세)

① 플래시애니메이션

② 설교PPT

③ 학생용 공과

* 가능한 수준까지 문제풀기

갓스토리 활용가이드

• 본문말씀 / 6컷 만화

성경 이야기를 올바르게 이해하기 위해 성경을 찾아 천천히 읽습니다. 공과의 내용을 뚜렷하게 알려주는 중심구절도 반복해서 읽고 묵상하도록 합니다. 본문 말씀의핵심이 되는 6컷 만화는 역할을 맡아 읽거나 플래시 애니메이션을 보면 더욱 재미있게 읽을 수 있습니다. 만화 속에서는 말씀 다지기의 답(빨간 글씨)도 찾을 수 있도록 표시되어 있습니다.

• 말씀배우기

읽고 쓰기가 어려운 학생들을 위한 질문입니다. 스티커 붙이기, 알맞은 것에 O표, 틀린 것에 X표 하기, 맞는것 찾아 연결하기, 따라쓰기의 질문으로 구성되어 있어 성경말씀에 쉽게 접근할 수 있습니다. 질문은 수준별로 나뉘어 있어 학생 수준에 따라 학생이 풀 수 있는 질문까지 풀도록 합니다.

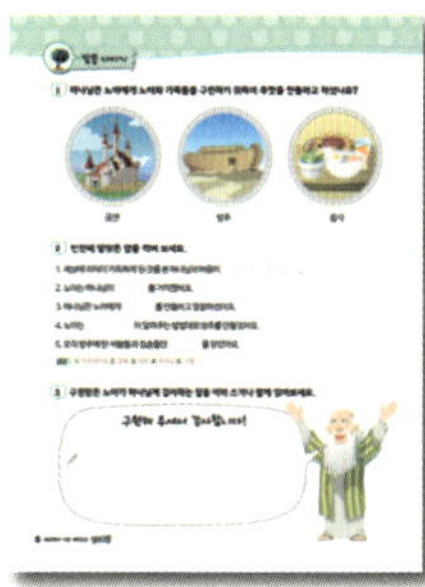

• 말씀다지기

읽고 쓰기가 가능한 학생들을 위한 질문입니다. 질문을 읽고 알맞은 답에 O표 하기, 빈칸에 답적기, 장문쓰기로 구성되어 있어 심화된 수준으로 성경말씀에 접근할 수 있습니다. 질문은 수준별로 나뉘어 있어 학생 수준에 따라 풀 수 있는 질문까지 풀도록 하되, 학생의 특성과 능력에 따라 정답을 보고 따라 적거나 말하는 방법으로 풀이방법을 대체하여 학생이 더욱 적극적으로 참여하도록 합니다.

• 활동하기 / 특별활동

미로찾기, 색칠하기, 오리고 접기, 붙이기 등 다양한 활동들로 핵심 내용을 학습하도록 구성하였으며, 학생들의 수준에 따라 활동의 난이도를 교사가 조절하여 학습능력을 최대로 이끌어 줄 수 있도록 구성하였습니다. 또한 4과, 9과, 13과에는 특별활동으로 해당 과의 중심된 내용으로 구성하여 학생들이 핵심 단어나 내용을 마음으로 이해할 수 있도록 오감을 자극하는 만들기로 구성하였습니다.

• 말씀따르기 / 기도하기

학습한 내용을 일상생활에 적용하도록 학생과 약속하는 시간입니다. 말씀 따르기가 예배시간 외의 시간과 장소에서도 이루어질 수 있도록 함께 다짐하고 점검하도록 합니다. 그리고 생활에 적용을 위해 그 날에 배운 공과를 기억하고 하나님 말씀대로 살 수 있도록 기도문을 함께 읽고 기도하며 공과를 마칩니다. 마무리와 함께 학생을 향한 교사의 격려와 응원을 덧붙인다면 최고의 공과가 될 것입니다.

1과 노아와 구원의 방주

소 주 제 : 구원과 순종
본문말씀 : 창세기 7장 5절(전체말씀 : 창세기 6장 15절~7장 5절)
중심구절 : 노아는 여호와께서 명하신 대로 했습니다.

단어 풀이 규빗 고대 이집트, 바빌로니아 등지에서 썼던 길이의 단위를 나타내는 말

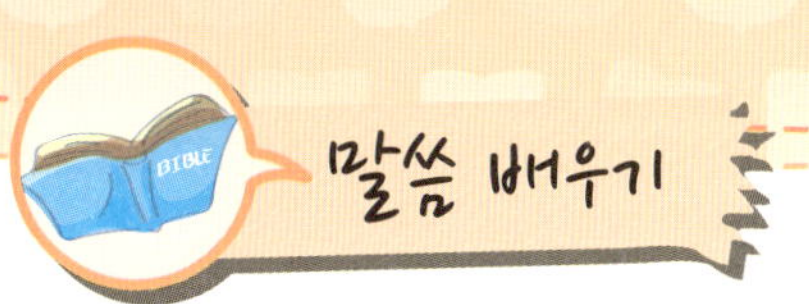

1 하나님 말씀대로 방주를 만드는 노아와 죄를 짓는 사람들을 스티커로 붙여보세요.

2 알맞은 것에 O표, 알맞지 않은 것에 X표를 해보세요.

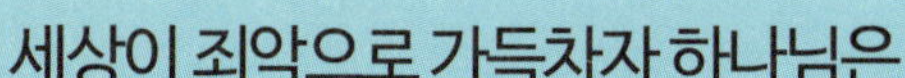

세상이 죄악으로 가득차자 하나님은

슬퍼하셨어요.

기뻐하셨어요.

노아는

친구들의 말

하나님 말씀

을 잘 따르는 사람이었어요.

하나님은 말씀에 순종하여

방주

우주선

에 탄 사람과 짐승만 구원해 주셨어요.

1 하나님은 노아에게 노아와 가족들을 구원하기 위하여 무엇을 만들라고 하셨나요?

궁전 방주 음식

2 빈칸에 알맞은 답을 적어 보세요.

1. 세상에 죄악이 가득하게 된 것을 본 하나님의 마음이 ☐☐☐☐☐.
2. 노아는 하나님의 ☐☐를 기억했어요.
3. 하나님은 노아에게 ☐☐를 만들라고 말씀하셨어요.
4. 노아는 ☐☐☐이 알려주는 방법대로 방주를 만들었어요.
5. 오직 방주에 탄 사람들과 짐승들만 ☐☐을 얻었어요.

정답 1. 아프셨어요 2. 은혜 3. 방주 4. 하나님 5. 구원

3 구원받은 노아가 하나님께 감사하는 말을 따라 쓰거나 함께 읽어보세요.

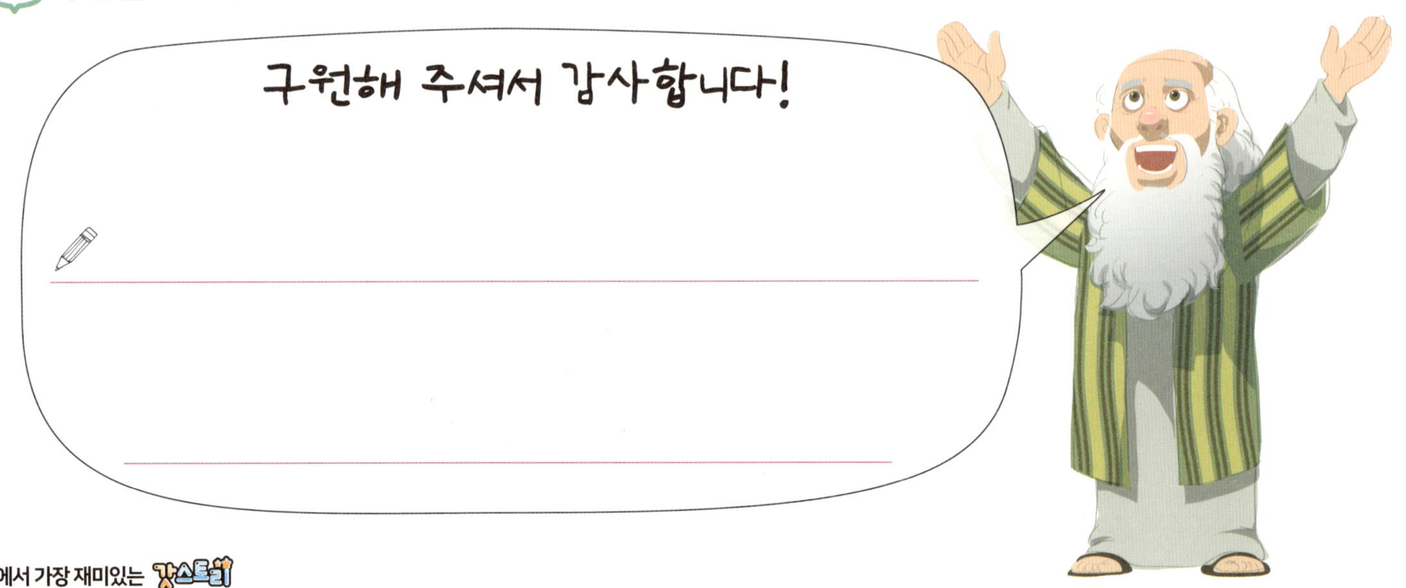

1 하나님의 말씀에 순종하여 노아가 만든 방주를 색칠해 보세요.

말씀 따르기

1. 나를 구원해 주신 하나님께 감사해요.
2. 아직 구원받지 못한 가족들에게 "예수님을 믿으면 구원받아요."라고 이야기 해줘요.

기도하기

노아와 그 가족들을 구원하신 하나님, 예수님을 통해서 저를 구원해 주셔서 감사합니다. 저도 하나님과 항상 동행하는 사람이 되게 해 주세요. 예수님의 이름으로 기도합니다. 아멘.

2과 이스라엘을 구원한 삼손

소 주 제 : 구원과 능력
본문말씀 : 사사기 13장 5절(전체말씀 : 사사기 13장~16장)
중심구절 : 보아라. 네가 임신해 아들을 낳을 것이니 그의 머리에 면도칼을 대서는 안 된다. 그 아이는 모태에서부터 하나님께 나실 사람이 될 것이기 때문이다. 그가 블레셋 사람의 손에서 이스라엘을 구원하기 시작할 것이다.

단어 풀이 나실 사람 하나님께 헌신하기로 약속한 사람

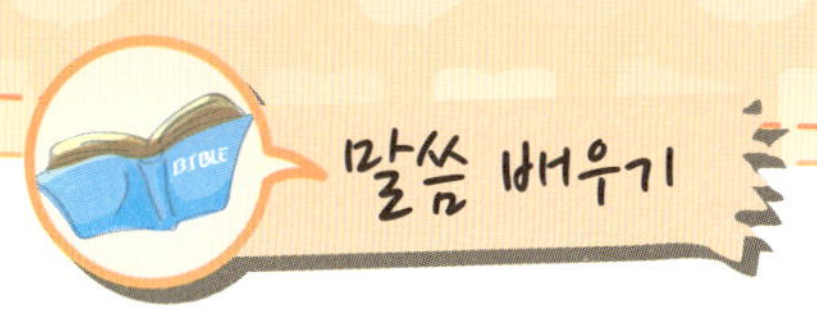

1 삼손이 다곤 신전을 무너뜨리는 모습을 스티커로 붙여보세요.

2 하나님이 주신 삼손의 힘은 어디에서 나오는지 맞는 것을 찾아 연결해보세요.

삼손의 힘

돈

머리카락

1 삼손이 죽기 전에 하나님께 기도하고 한 일은 무엇인가요?

오토바이를 타러 갔어요.

미용실에 갔어요.

다곤 신전을 무너뜨렸어요.

2 빈칸에 알맞은 답을 적어 보세요.

1. 삼손은 ☐ 이 무척 쎄서 이스라엘을 지킬 수 있는 능력이 있었어요.
2. 삼손은 자신의 힘이 ☐☐☐☐ 에서 나온다는 비밀을 들릴라에게 말했어요.
3. 블레셋 사람들이 삼손의 머리카락을 자르자 삼손은 ☐ 이 없어지게 되었어요.
4. 힘이 없어진 삼손은 ☐☐☐ ☐☐☐ 에게 잡혀서 눈이 뽑히고 맷돌을 굴리며 지냈어요.
5. ☐☐☐ 은 삼손에게 다시 힘을 주셔서 이스라엘의 원수인 블레셋을 물리치게 하셨어요.

정답 1. 힘 2. 머리카락 3. 힘 4. 블레셋 사람들 5. 하나님

3 하나님께 다시 힘을 구하는 삼손이 하는 말을 따라 쓰거나 읽어보세요.

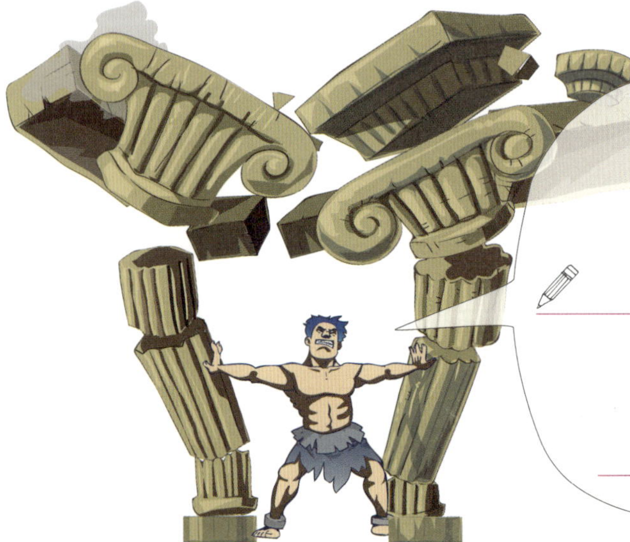

하나님, 저에게 다시 힘을 주세요!

1 삼손이 무너뜨린 다곤 신전을 색칠하기 또는 색종이를 붙여서 완성해 주세요.

말씀 따르기

1. 삼손처럼 하나님이 나에게 준 은혜는 무엇인지 말해보세요.
2. 나는 하나님이 주신 은혜를 이번 주에 어떻게 사용할지 생각하고 실천해 봅시다.

기도하기

삼손을 통해서 이스라엘을 구원하신 하나님, 저에게 주신 은혜를 감사하며 저도 하나님 나라를 위해서 노력하는 사람이 되겠습니다. 예수님의 이름으로 기도합니다. 아멘.

3과 하나님의 사랑을 보여준 호세아

소 주 제 : 구원과 사랑

본문말씀 : 호세아 11장 8절 (전체말씀 : 호세아 1장~3장)

중심구절 : 에브라임이여, 내가 어떻게 너를 포기하겠느냐? 이스라엘이여, 내가 어떻게 너를 넘겨주겠느냐? 내가 어떻게 너를 아드마처럼 하겠느냐? 내가 어떻게 너를 스보임처럼 만들겠느냐? 내 마음이 바뀌어 내 긍휼이 뜨겁게 솟아오른다.

단어 풀이 우상 가짜 신을 사람들이 만들어 놓은 것

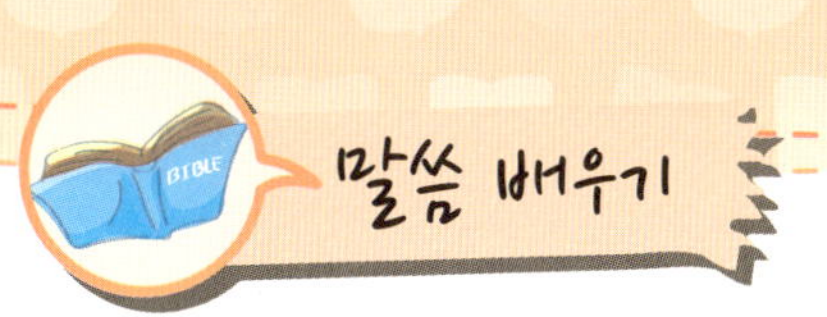

1 다른 남자를 만나러 가는 고멜과 못가게 말리는 호세아를 스티커로 붙여보세요.

2 아래 그림에 있는 사람들이 사랑한 것을 찾아 선을 그어 연결해 보세요.

이스라엘 백성

고멜

호세아

다른 남자들

우상

하나님

1 결혼 후 다른 남자를 사랑한 고멜에게 호세아는 어떻게 했나요?

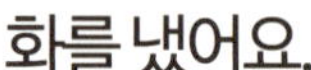

화를 냈어요.

용서하고 사랑했어요.

집에서 쫓아냈어요.

2 빈칸에 알맞은 답을 적어 보세요.

1. 호세아는 우상을 사랑해서 하나님을 떠난 백성들에게 하나님께 □□□□ 고 외쳤어요.
2. 호세아는 고멜이라는 □□□□ 여자와 결혼했어요.
3. □□ 은 호세아와 결혼 한 후에도 늘 다른 남자들을 사랑해서 떠났어요.
4. 호세아는 고멜을 찾아와서 용서하고 변함없이 □□□□□.
5. □□□ 은 호세아처럼 우리를 끝까지 사랑하세요.

정답 1. 돌아오라 2. 바람둥이 3. 고멜 4.사랑했어요 5. 하나님

3 하나님이 우리에게 하시는 말씀을 따라 쓰거나 함께 읽어보세요.

하나님은 나를 끝까지 사랑하십니다!

1 변함없이 고멜을 사랑한 호세아의 사랑을 색칠하거나 색종이로 꾸며주세요.

1. 내가 하나님보다 더 사랑하는 것들은 무엇인지 솔직하게 말해보세요.
2. 나를 용서하시고 끝까지 사랑해주시는 하나님께 감사기도 드려요.

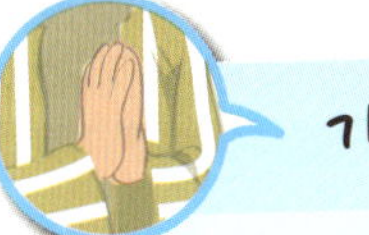

사랑의 하나님, 저를 포기하지 않으시고 끝까지 지키시고 사랑해주셔서 감사합니다. 저도 하나님처럼 사랑하겠습니다. 예수님의 이름으로 기도합니다. 아멘.

4과 사자굴 속에서 구원받은 다니엘

소 주 제 : 구원과 믿음

본문말씀 : 다니엘 6장 23절(전체말씀 : 다니엘 6장 1절~28절)

중심구절 : 왕은 매우 기뻐하며 다니엘을 사자 굴에서 건져 올리라고 명령했습니다. 다니엘을 사자 굴속에서 꺼내 살펴보니 몸에 상처 하나 입지 않았습니다. 이것은 그가 자기 하나님을 믿었기 때문이었습니다.

단어 풀이 확신 굳게 믿음

1 사자굴에서 하나님이 지켜주신 다니엘과 입을 다문 사자를 스티커로 붙여보세요.

2 빈칸에 알맞은 답을 적어 보세요.

1. 바벨론 왕이 총리였던 다니엘을 가장 좋아해서 다른 사람들이 ☐☐☐☐☐.
2. 하나님께 기도하는 사람은 ☐☐☐에 넣도록 법을 만들었어요.
3. 다니엘은 그래도 ☐☐☐께 계속 기도했어요.
4. 왕은 하나님께 기도한 다니엘을 ☐☐☐에 넣었어요.
5. 하나님은 하나님을 사랑한 다니엘을 사자굴에서 ☐☐☐☐☐☐.

정답 1. 질투했어요 2. 사자굴 3. 하나님 4.사자굴 5. 지켜주셨어요

말씀 따르기

1. 나도 다니엘처럼 믿지않는 사람들 사이에 있을 때에도 기도하고 있는지 말해봅시다.
2. 이번 주 하루를 정해서 하나님께 감사 기도하는 시간을 갖고 선생님께 미션완료 문자를 보내주세요.

기도하기

다니엘을 구원하신 하님, 저도 다니엘처럼 하나님을 최고로 사랑하고 하나님께 기도하는 사람이 되겠습니다. 예수님의 이름으로 기도합니다. 아멘.

5과

하나님 나라와 구원받은 사람들

소 주 제 : 구원과 겸손
본문말씀 : 마가복음 10장 15절(전체말씀 : 마가복음 10장 13절~16절)
중심구절 : 내가 너희에게 진실로 말한다. 누구든지 어린아이와 같이 하나님 나라를 받아들이지 않는 사람은 결코 그 곳에 들어가지 못할 것이다.

단어 풀이 겸손 다른 사람을 존중하고 자신을 낮춤

1 어린아이를 축복하는 예수님과 제자들의 모습을 스티커로 붙여보세요.

2 알맞은 것에 O표, 알맞지 않은 것에 X표를 해보세요.

제자들은 어린아이들을 예수님께 데려오자

화를냈어요.

모른척했어요.

예수님은 아이들을 내쫓는 제자들을

칭찬하셨어요.

꾸짖으셨어요.

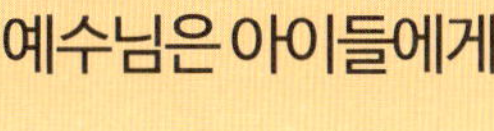

축복해 주셨어요.

과자를 사주셨어요.

1 예수님은 누구처럼 겸손한 사람이 하나님 나라를 가질 수 있다고 말씀하셨나요?

돈이 많은 사람

힘이 센 사람

어린 아이들

2 빈칸에 알맞은 답을 적어 보세요.

1. 제자들은 사람들이 ☐☐ ☐☐☐을 예수님께 데려오자 화를 냈어요.
2. 예수님은 아이들을 내쫓는 제자들을 ☐☐☐☐☐☐.
3. 예수님은 어린아이처럼 ☐☐☐ ☐☐만이 하나님 나라를 소유할 수 있다고 하셨어요.
4. 예수님은 아이들에게 ☐☐해 주셨어요.
5. 하늘나라에 들어가 ☐☐받는 사람은 모두 겸손한 사람들이에요.

정답 1. 어린 아이들 2. 꾸짖으셨어요 3. 겸손한 사람 4. 축복 5. 구원

3 예수님이 어린아이들에게 축복하신 말씀을 쓰거나 선생님을 따라서 말해보세요.

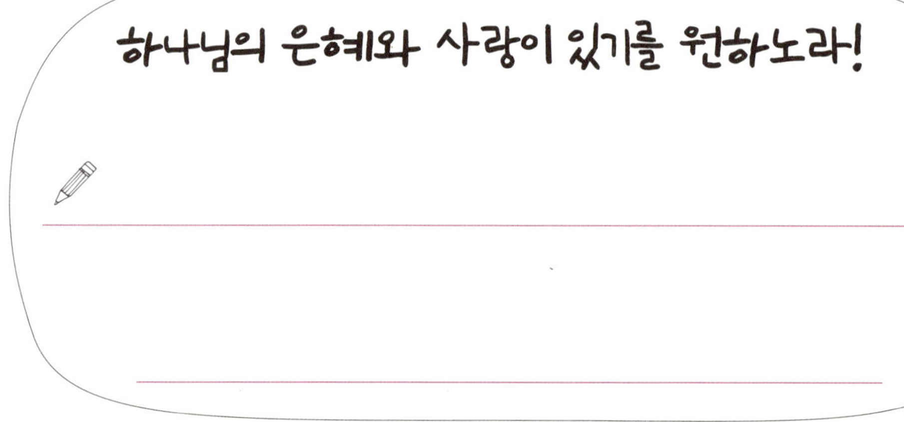

1 어린아이들이 하나님 나라에 잘 도착할 수 있도록 길을 인도해 주세요.

1. 나는 언제 다른 사람을 존중하고 귀하게 여기는지 말해 보세요.
2. 옆에 앉은 친구나 선생님께 "우리 함께 겸손한 사람이 됩시다."라고 이야기 해봐요.

사랑의 하나님, 저에게도 겸손한 마음을 가지고 천국을 소유하는 축복을 내려주세요. 예수님의 이름으로 기도합니다. 아멘.

6과 천국으로 초대한 하나님

소 주 제 : 구원과 천국

본문말씀 : 누가복음 14장 15절(전체말씀 : 누가복음 14장 15절~23절)

중심구절 : 예수와 함께 식탁에 앉은 사람들 중 하나가 이 말씀을 듣고 예수께 말했습니다. "하나님 나라에서 먹는 사람은 복이 있습니다."

단어 풀이 비유 어떤 대상을 다른 대상에 비교하여 말하는 것

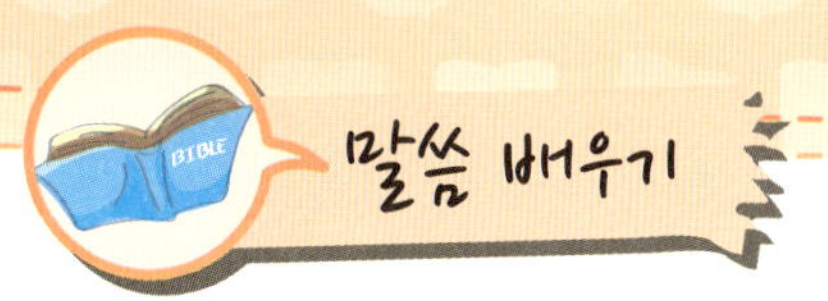

1 천국잔치에 간 사람과 문이 닫혀서 가지 못한 사람을 스티커로 붙여보세요.

2 하나님 나라에 초대 받으면 우리는 어떻게 할지 선택해 선을 그어 보세요.

지금은 TV를 봐야해서 못가요.

감사합니다! 저는 꼭 갈 거예요.

1 어떤 사람이 천국에 갈 수 있는 사람인지 O표 해보세요.

돈이 많은 사람 똑똑한 사람 하나님을 사랑하는 사람

2 빈칸에 알맞은 답을 적어 보세요.

1. 예수님은 □□□□□를 비유로 말씀하셨어요.
2. 주인이 큰 잔치를 열어 사람들을 초대했으나 사람들이 □□□□□.
3. 사람들이 잔치에 오지 않자 주인은 □□□□□□을 초대했어요.
4. 주인의 초대를 □□□□□은 아무도 잔치에 참여하지 못했어요.
5. 하나님의 초대를 거절한 사람도 □□□□□에 들어갈 수 없어요.

정답 1. 하나님 나라 2. 거절했어요 3. 불쌍한 사람들 4. 거절한 사람 5. 하나님 나라

3 하나님이 우리를 천국 잔치로 초대했을 때 우리가 할 말을 써 보세요.

초대해 주셔서 감사합니다!

1 천국 가는 티켓이 2장 도착했어요. 내가 함께 가고 싶은 사람의 이름을 적어주세요.

The TICKET to HEAVEN

BOARDING PASS

이름 :

항공편 : 그리스도 항공

출발일 : 하나님이 부르시는 그 날

출발지 : 내가 있는 곳

도착지 : 하나님 계신 하늘 나라

누가복음 GATE 14

SEAT 23

AA00123456 897 38

00198

이름 :

출발일 : 하나님이 부르시는 그 날

출발지 : 내가 지금 있는 곳

도착지 : 하나님 계시는 하늘나라

항공편 : 그리스도 항공

GATE 14

SEAT 23

AA00123456 897 38

00198

말씀 따르기

1. 나는 하나님의 초대에 어떻게 대답했는지 말해보세요.
2. 주변에 믿지 않는 가족에게 천국 초대장을 작성해서 전달해 보세요.

기도하기

예수님을 통해 천국잔치에 초대해 주신 하나님 감사합니다. 제가 천국 갈 때까지 예수님 사랑을 지키며 살 수 있도록 도와주세요. 예수님의 이름으로 기도합니다. 아멘.

7과 잃었던 사람을 찾으시는 예수님

소 주 제 : 구원과 회개

본문말씀 : 누가복음 15장 21절(전체말씀 : 누가복음 15장 11절~32절)

중심구절 : 아들이 아버지에게 말했다. "아버지, 제가 하늘과 아버지께 죄를 지었습니다. 이제 아들이라고도 불릴 자격이 없습니다."

단어 풀이 **방탕** 술이나 노름 등 나쁜일들에 너무 빠져서 바르게 살지 못함 | **낭비** 재물이나 시간들을 아껴 쓰지 않고 다 써버림

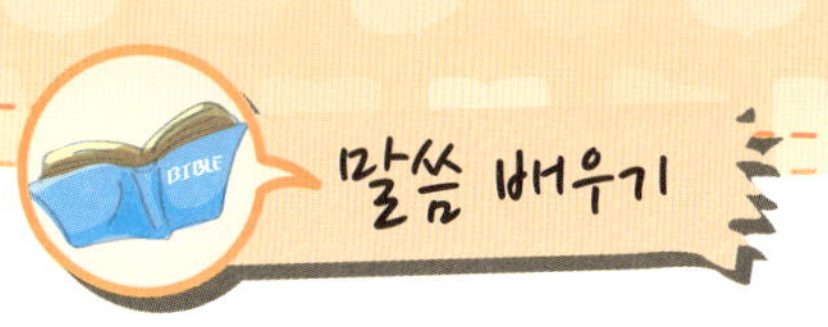

1 방탕한 생활을 했던 아들과 잘못을 뉘우치고 돌아온 아들을 스티커로 붙여보세요.

2 우리가 죄를 회개하고 하나님께로 돌아가면 하나님이 우리에게 주시는 것은 무엇입니까?

1 죄인들이 회개하고 돌아왔을 때 하나님께서 주시는 선물은 무엇인지 O표 해보세요.

좋은 집 하늘나라 멋진 자동차

2 빈칸에 알맞은 답을 적어 보세요.

1. 작은 아들은 아버지의 ☐☐ 을 미리 달라고 졸랐어요.
2. 작은 아들은 먼 나라로 가서 재산을 모두 ☐☐ 했어요.
3. 작은 아들은 자기의 잘못을 깨닫고 ☐☐☐ 에게로 돌아가기로 했어요 .
4. 아버지께 돌아간 아들은 자신의 잘못을 ☐☐ 해 달라고 빌었어요.
5. 하나님께서는 죄인들이 회개하고 돌아돌 때 그들을 ☐☐ 해주세요.

정답 1. 재산 2. 낭비 3. 아버지 4. 용서 5. 구원

3 작은 아들이 아버지께 용서를 비는 말을 함께 따라 쓰거나 선생님을 따라 읽어보세요.

아버지, 저를 용서해 주세요!

1 아버지에게 용서를 구하는 아들을 색칠해 주세요.

1. 내가 하나님 앞에 용서를 빌고 다시는 하지 말아야 할 잘못이 있는지 말해봅시다.
2. 하나님이 나의 회개를 들으시고 용서해 주신다는 것을 믿고 감사합니다.

우리를 구원하시기 원하시는 하나님 아버지, 저의 죄를 용서해 주시고 구원을 선물해 주셔서 감사합니다. 예수님의 이름으로 기도합니다. 아멘.

8과 예수님, 감사합니다!

소 주 제 : 구원과 감사
본문말씀 : 누가복음 17장 15절~16절(전체말씀 : 누가복음 17장 11절~19절)
중심구절 : 그들 중 한 사람은 자기 병이 나은 것을 보고 큰 소리로 하나님께 영광을 돌리며 돌아왔습니다. 그는 예수의 발 앞에 엎드려 감사했습니다. 그는 사마리아 사람이었습니다.

단어 풀이 한센병 몸이 썩는 병

1 병고침 받아 감사드리는 한 사람과 칭찬하시는 예수님을 스티커로 완성해주세요.

2 병고침을 받은 사람 10명 중에서 예수님께 감사드린 사람의 수만큼 O표 해보세요.

1 **예수님께 칭찬받은 사람은 병을 고침받은 다음에 어떻게 했는지 O표 해보세요.**

친구들과 축하파티를 했어요.

가족사진을 찍었어요.

예수님께 감사했어요.

2 **빈칸에 알맞은 답을 적어 보세요.**

1. 한센병에 걸린 사람 ☐☐이 예수님께 도와달라고 소리쳤어요.
2. ☐☐☐은 병자들에게 병 낫는 방법을 말씀해 주셨어요.
3. 병자들이 제사장들에게 가는 길에 모두 병이 깨끗하게 ☐☐☐☐.
4. 병 고침을 받은 사람 중 단 ☐☐☐만 예수님께 와서 감사드렸어요.
5. 예수님은 하나님께 감사드린 사람을 ☐☐하셨어요.

정답 1. 10명 2. 예수님 3. 나았어요 4. 한 사람 5. 칭찬

3 **병고침 받은 사람이 예수님께 한 말을 따라 쓰거나 선생님과 함께 말해보세요.**

저를 고쳐주셔서 감사합니다!

활동하기

1 예수님께 드리는 감사편지를 만들어 보세요.

1. ______________________________

____

2. ______________________________

____

3. ______________________________

____

______________ 드림

말씀 따르기

1. 예수님께 감사드려야 하는데 감사하지 못했던 일들을 생각하고 감사해 봅시다.
2. 활동을 통해서 작성한 감사기도 3가지를 친구들과 함께 나누고 기도 끝마다 "하나님, 감사합니다!"를 함께 외쳐주세요.

기도하기

하나님, 저도 하나님께 구원받은 사람으로서 날마다 하나님께 감사를 드리는 사람이 되겠습니다. 예수님의 이름으로 기도합니다. 아멘.

9과 구원받은 삭개오

소 주 제 : 구원과 죄인
본문말씀 : 누가복음 19장 10절(전체말씀 : 누가복음 19장 1절~10절)
중심구절 : 인자는 잃어버린 사람을 찾아 구원하러 왔다.

단어 풀이 세리 세금을 걷는 사람으로 그 당시에는 실제 세금보다 더 많이 걷어서 사람들을 괴롭힘

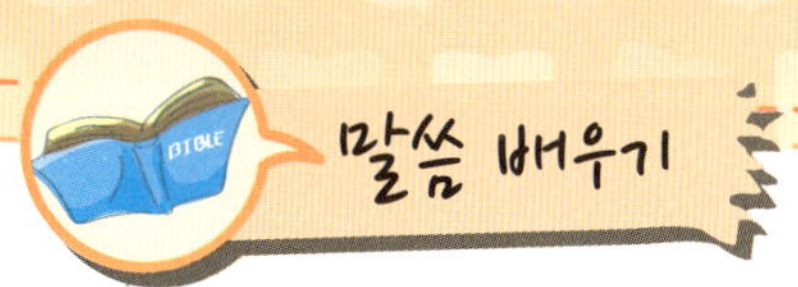

1 **나무위에 올라간 삭개오와 말씀하시는 예수님의 모습을 스티커로 붙여보세요.**

1 **빈칸에 알맞은 답을 적어 보세요.**

1. 예수님이 삭개오가 사는 □□□를 지나가셨는데 사람들이 많이 모였어요.
2. 삭개오는 키가 □□□ 예수님을 볼 수가 없었어요.
3. 예수님이 너무 보고싶은 삭개오는 □□□에 올라갔어요.
4. 예수님은 나무 위에 있는 삭개오를 □□□ 삭개오의 집으로 가자고 말씀하셨어요.
5. 예수님 앞에서 삭개오는 자신의 죄를 고백하고 □□ 받았어요.

정답 1. 여리고 2. 작아서 3. 나무 위 4. 보시고 5. 구원

말씀 따르기

1. 나는 예수님을 만나기 위해서 무엇을 하고 있는지 말해보세요.
2. "나는 예수님을 만나서 회개하고 구원 받았습니다."라고 크게 고백해 보세요.

기도하기

죄인을 구원해 주신 하나님, 저도 삭개오처럼 예수님을 만나 구원받게 하심을 감사합니다. 아직 예수님을 만나지 못한 친구들과 가족들도 저처럼 예수님을 만나게 해 주세요. 예수님의 이름으로 기도합니다. 아멘.

10과 하나님을 알려고 노력한 나다나엘

소 주 제 : 구원과 말씀
본문말씀 : 요한복음 1장 47절(전체말씀 : 요한복음 1장 43절~51절)
중심구절 : 예수께서 나다나엘이 다가오는 것을 보시고 그에 관해 말씀하셨습니다. "여기 참 이스라엘 사람이 있다. 이 사람에게는 거짓된 것이 없다."

단어 풀이 인정 확실히 그렇다고 여김

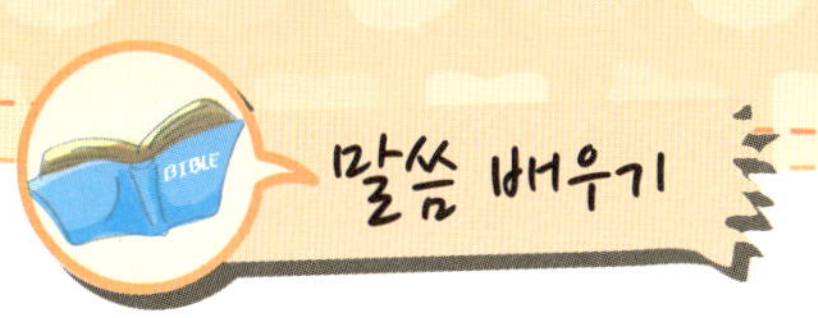

1 무화과 나무 아래서 성경을 읽는 나다나엘과 그 모습을 바라보시는 예수님을 스티커로 붙여보세요.

2 나다나엘이 만난 구원자가 누구인지 따라 써 보세요.

1 구원자 예수님을 만난 다니엘은 예수님께 뭐라고 말했는지 O표 해보세요.

진짜 구원자이십니다.

나중에 만나요.

누구세요?

2 빈칸에 알맞은 답을 적어 보세요.

1. 나다나엘은 ☐☐☐ ☐☐을 읽으며 구원자를 기다렸어요.
2. 친구 빌립이 나다나엘에게 ☐☐☐가 나타났다고 알려주었어요.
3. 빌립은 자신이 만난 ☐☐☐께 가자고 말했어요.
4. 예수님은 나다나엘이 ☐☐이 없는 사람이라고 칭찬하셨어요.
5. 하나님의 말씀을 믿은 나다나엘은 예수님을 만나는 ☐을 받았어요.

정답 1. 하나님 말씀 2. 구원자 3. 예수님 4. 거짓 5. 복

3 예수님을 만난 나다나엘이 고백한 말을 쓰거나 선생님을 따라서 말해보세요.

구원자 예수님을 만나게 하셔서 감사합니다!

1 나다나엘이 무화과 나무 아래에서부터 예수님을 만나러 가는 길을 안내해 주세요.

1. 예수님을 더 알기 위해서 이번 주에 내가 할 수 있는 일을 찾아서 해보세요.
2. 이번 주에 한번 이상 나를 아시는 예수님께 나의 기도를 드려요.

구원의 하나님, 나를 먼저 아시고 만나주시고 구원자 예수님을 보내주셔서 감사합니다. 저도 날마다 예수님을 더 사랑하고 더 알아가는 사람이 되게 해 주세요. 예수님의 이름으로 기도합니다. 아멘.

11과 구원을 받은 경건한 고넬료

소 주 제 : 구원과 이방인

본문말씀 : 사도행전 10장 2절(전체말씀 : 사도행전 10장 1절 48절)

중심구절 : 고넬료와 그 집안사람들은 모두 경건하고 하나님을 경외하는 사람들이었습니다. 고넬료는 가난한 사람들에게 아낌없이 나눠 주었고 항상 하나님께 기도했습니다.

단어 풀이 환상을 보다 현실에서 있을 수 없는 일들을 보는 것

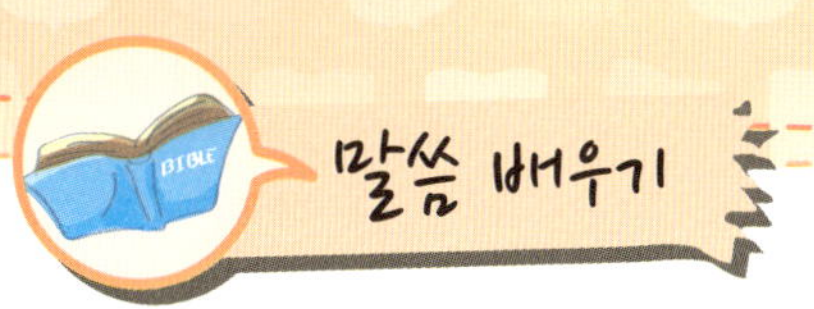

1 복음을 전하는 베드로와 성령받은 고넬료 집 사람들을 스티커로 붙여보세요.

2 알맞은 것에 O표, 알맞지 않은 것에 X표를 해보세요.

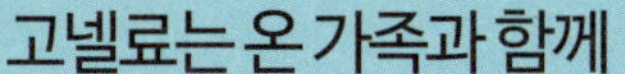
고넬료는 온 가족과 함께

했어요.

하나님을 사랑

우상을 사랑

고넬료는 가난한 사람들을 많이 도와주고

를 했어요.

매일 잔치 매일 기도

고넬료는

를 초대하여 예수님의 복음을 들었어요.

베드로 왕

1 고넬료의 초대를 받은 베드로가 어떻게 했는지 찾아 O표 해보세요.

모르는 집에는 안갔어요.

가서 복음을 전했어요.

돈을 달라고 했어요.

2 빈칸에 알맞은 답을 적어 보세요.

1. 고넬료는 ☐☐☐ 을 사랑하고 가난한 사람들을 많이 도와주었어요.
2. 고넬료는 기도하다가 ☐☐☐ 를 불러오라는 천사의 말을 들었어요.
3. 베드로는 기도하다가 온갖 짐승을 잡아먹으라는 ☐☐ 을 보았어요.
4. 베드로는 고넬료가 사람을 보내자 ☐☐☐ ☐☐ 을 전하기 위해서 갔어요.
5. 베드로가 예수님의 복음을 전하자 듣던 모든 사람들에게 ☐☐ 이 임했어요.

정답 1. 하나님 2. 베드로 3. 환상 4. 하나님 말씀 5. 성령

3 복음을 듣는 고넬료 집 사람들을 보고 베드로가 한 말을 쓰거나 따라서 읽어보세요.

하나님은 이방인도 구원하시기 원하시는구나!

1 **하나님의 말씀이 온 세계에 전해지기 원하는 마음으로 세계지도를 색칠해 주세요.**

북극
북극
북아메리카
대서양
유럽,아시아
태평양
아프리카
남아메리카
인도양
태평양
호주

1. 이번 주에는 우리 나라가 아닌 다른 나라 한 곳을 정해서 매일매일 그 곳의 복음화를 위해서 함께 기도합시다.

기도하기

하나님께서 이 세상 모든 사람을 사랑하기 원하신다는 것을 알았습니다. 저도 하나님의 가족으로 불러주시고 사랑해주셔서 감사합니다. 예수님의 이름으로 기도합니다. 아멘.

12과 예수님을 믿으면 구원받아요.

소 주 제 : 구원과 예수님
본문말씀 : 사도행전 16장 31절(전체말씀 : 사도행전 16장 16절~34절)
중심구절 : 그들이 대답했습니다. "주 예수를 믿으시오. 그러면 당신과 당신의 집안이 구원을 받을 것입니다."

단어 풀이 자결 스스로 목숨을 끊는 일

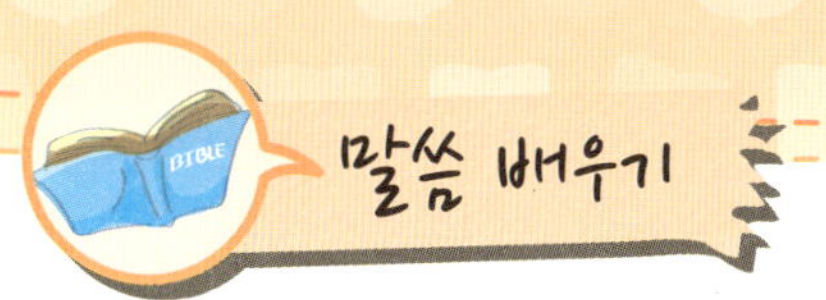

1 감옥에서 감사와 찬송을 드리는 바울과 실라를 스티커로 붙여보세요.

2 알맞은 것에 O표, 알맞지 않은 것에 X표를 해보세요.

귀신들린 여종을 만난 바울은 예수님의 이름으로

귀신을 쫓아냈어요.

최고라고 칭찬했어요.

매를 맞고 감옥에 갇힌 바울과 실라는 감옥에서

하나님을 원망했어요.

하나님을 찬송했어요.

바울은 두려움에 죽으려고 하는 간수에게

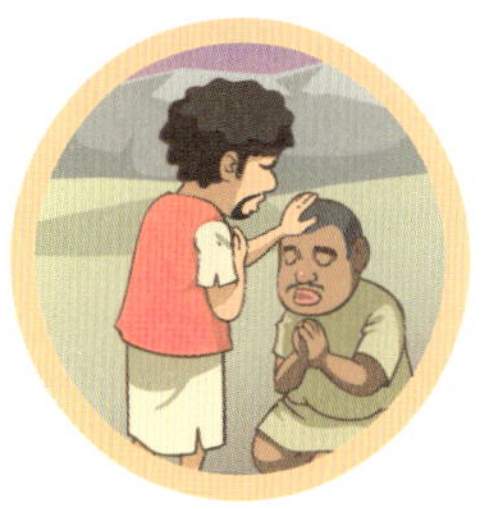
세례를 주었어요.

야단쳤어요.

1 바울과 실라는 예수님을 전하다 감옥에 갇혔을 때 무엇을 했는지 O표 해보세요.

짜장면을 먹었어요.

감사와 찬송을 했어요.

무서워 했어요.

2 빈칸에 알맞은 답을 적어 보세요.

1. 바울은 ☐☐☐의 이름으로 귀신들린 여종을 고쳐주었어요.
2. 여종의 주인은 화가 나서 바울과 실라를 ☐☐에 가두었어요.
3. 감옥에 갇힌 바울과 실라는 그곳에서도 감사하고 ☐☐했어요.
4. 감옥에 ☐☐이 나고 바울과 실라는 감옥문이 열리고 쇠사슬이 풀렸어요.
5. 감옥을 지키던 간수가 죽으려고 하자 바울과 실라는 그에게 ☐☐을 전하고 구원받게 했어요.

정답 1. 예수님 2. 감옥 3. 찬송 4. 지진 5. 복음

3 바울이 감옥의 지키던 간수에게 한 말을 쓰거나 따라 읽어보세요.

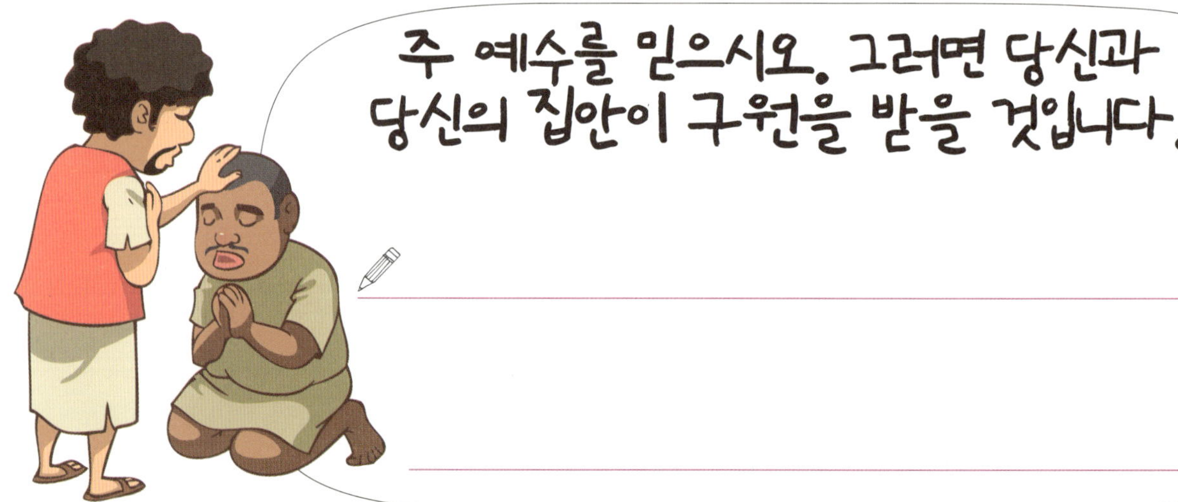

1 예수님 안에서 구원받은 우리 가족을 색종이로 붙이거나 색칠해 보세요.

말씀 따르기

1. 예수님을 믿어 구원받게 된 우리집을 생각하고 감사기도 드려요.
2. 예수님을 모르는 식구들이 있으면 그 식구들에게 '예수님을 믿고 함께 구원받아요.'라는 문자 메시지를 전해요.

기도하기

사랑의 하나님, 누구든지 예수님을 믿으면 구원받게 하심을 감사합니다. 저도 바울과 실라 처럼 먼저 구원받고 구원을 전하는 사람이 되겠습니다. 예수님의 이름으로 기도합니다. 아멘.

13과 온 세상에 복음을 전한 바울

소 주 제 : 구원과 복음
본문말씀 : 고린도전서 9장 16절(전체말씀 : 사도행전 26장 13절~18절, 고전 9장 16절, 고후 11장 23절~28절)
중심구절 : 그러나 내가 복음을 전하는 것은 내게는 자랑할 것이 아닙니다. 그것은 내가 꼭 해야 할 일이기 때문입니다. 내가 복음을 전하지 않는다면 내게 화가 미칠 것입니다.

단어 풀이 핍박 못살게 괴롭힘 | 전도 다른 나라, 다른 사람들에게 예수님을 전하는 일 | 순교 예수님을 전하다 죽음

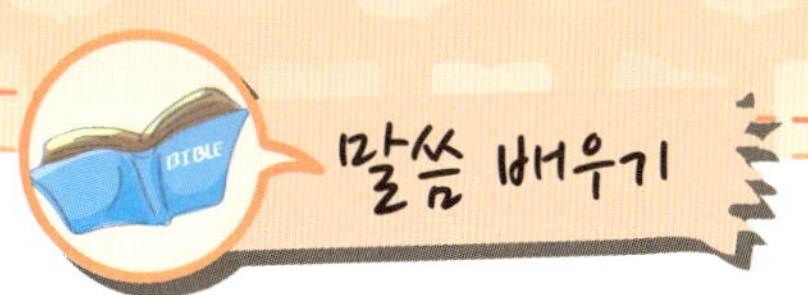

1 죽음을 무릅쓰고 복음을 전한 바울의 모습을 스티커로 붙여보세요.

2 교회를 핍박하던 바울이 예수님을 만난 후 무엇을 했는지 찾아 선을 그어 보세요.

예수님을 만난 바울

전도여행을 하며 복음을 전했어요.

사람들하고 신나게 놀러다녔어요.

1 **바울이 오랫동안 죽음을 무릅쓰고 복음을 전한 결과를 O표 해보세요.**

사람들이 매일 싸움

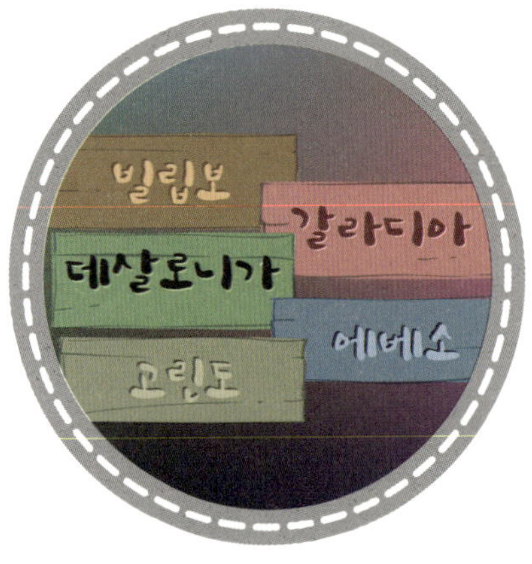

많은 교회들이 세워짐

우상을 섬기게 됨

2 **빈칸에 알맞은 답을 적어 보세요.**

1. 교회를 핍박하던 바울은 ☐☐☐을 만나고 변화되었어요.
2. 예수님을 만난 바울은 ☐☐☐☐을 하면서 복음을 전했어요.
3. 바울은 복음을 전하다 ☐☐에 갇히기도 했어요.
4. 바울이 다른 교회에 쓴 편지들은 지금의 ☐☐☐☐이 되었어요.
5. 바울은 예수님의 복음을 전하다 ☐☐했어요.

정답 1. 예수님 2. 전도여행 3. 감옥 4. 신약성경 5. 순교

1. 나는 예수님을 만나고 어떤 변화가 있었는지 생각해보고 말해봅시다.
2. 예수님을 전하고 싶은 마음이 있으면 주님께 "예수님을 전할 수 있는 지혜와 기회를 주세요."라고 함께 기도해보세요.

사랑의 하나님, 제 마음에 용기를 주셔서 예수님이 필요한 사람에게 예수님을 잘 알려 줄 수 있도록 도와주세요. 예수님의 이름으로 기도합니다. 아멘.